# عقبال الدكتوراه

**دار جامعة حمد بن خليفة للنشر**
**صندوق بريد 5825**
**الدوحة، دولة قطر**

www.hbkupress.com



الطبعة العربية الأولى عام 2021

الترقيم الدولي: 9789927151620

تمت الطباعة في بيروت-لبنان.

---

**مكتبة قطر الوطنية بيانات الفهرسة – أثناء – النشر (فان)**

الصوالحي، رانيا، مؤلف.

عقبال الدكتوراه / رانيا الصوالحي. الطبعة العربية الأولى. – الدوحة : دار جامعة حمد بن خليفة للنشر، 2021.

صفحة ؛ سم

تدمك: 978-992-715-162-0

1. الصوالحي، رانيا -- الرحلات -- بريطانيا. 2. دكتوراه الفلسفة -- بريطانيا. 3. الدرجات العلمية. أ. العنوان.

LB2386. S29 2021

378.2– dc23 202027993279

# عقبال الدكتوراه

رانيا الصوالحي

دار جامعة حمد بن خليفة للنشر
HAMAD BIN KHALIFA UNIVERSITY PRESS

# المحتويات


إهداء ........................................ 7

شكر وتقدير ........................................ 9

مقدمة ........................................ 11

منذ الطفولة ........................................ 13

أثر المعلم ........................................ 17

اختيار التخصص ........................................ 21

أولادي والدراسة ........................................ 29

تقديم الطلبات ........................................ 31

ما لم أعرفه عن دراسة الدكتوراه ........................................ 37

نقاش أم ملحمة ........................................ 41

أنا دكتور ........................................ 45

الدكتوراه والعالم ........................................ 49

عالم البحوث ........................................ 53

نشر البحوث ........................................ 57

الأستاذية ........................................ 61

Over qualified ........................................ 65

وماذا الآن؟ ........................................ 67

## إهداء

إلى أمي وأبي رحمهما الله

اللذين غرسا فينا حب العلم والتعلم والمثابرة.

# شكر وتقدير

لا توجد كلمات تكفي لشكر زوجي غاندي الحوري وأولادي (رنيم، إبراهيم، ريماس، زيد، رسال) لدعمهم وتعاونهم وللتضحيات التي قدموها جميعًا خلال فترة الدراسة ورحلة التعلم لنا جميعًا. زوجي الذي آثر أن أسبقه في الحصول على شهادة درجة الدكتوراه، وهو الذي كان يعلمني ويرشدني في كثير من الأمور. والشكر كذلك لإخوتي وأخواتي وأولادهم ولتشجيعهم.

وشكر خاص للأستاذ فضل حميدان صاحب اللغة الفصيحة لمراجعته وتدقيقه وإثرائه اللغوي كما في توضيح أصل كلمة «عقبال الدكتوراه»[1]. ولصديقة العمر ريما محسن التي راجعت وناقشت كثيرًا من النصوص والتي شهدت مولد معظمها.

وبالتأكيد وقفات خاصة مع كل معلم أو معلمة منذ التحقت بالروضة حتى آخر شهادة جامعية حصلت عليها مرورًا بكل


(1) أصل (عقبال وعقبالك) في كلام العرب من قولهم: «العقبى لك»، وهي دعاء موصول بالفرح بتحقيق أمنية ما، في اللسان (ع ق ب): «...، والعُقبى جزاءُ الأمر، وقالوا: العُقبى لك في الخير، أي: العاقبة...» أ.هـ. وقد حرّفها العامّة فقالوا كذلك: «عقبال عندَك»، ويقولون أحيانًا أو يختصرون فيحذفون أحرفًا فيقولون: «عَبَالك».

الدورات والمحاضرات التي حضرتها شخصيًّا أو عن بعد. فلهم جزيل الشكر والدعوات.

ولكل الزملاء والزميلات الذين تركوا بصمة خاصة في رحلة التعلم.

وشكر لكل من تابع وسأل متى تخرجك حتى وأنا ما زلت في السنة الأولى من دراستي!

# مقدمة

كم مرّة سمعت شخصًا يبارك لآخرَ نجاحَه في سنة دراسية، وأتبع التهنئة بأمنية وكلمة «عقبال الدكتوراه» أو ربما تكون أنت هذا الشخصَ الذي قلتها أو قيلت لك.

ربما نردّدها دون وعي لكونها مجرّدَ كلمة تقال، وربما نعني حقًّا ما نتمناه لهذا الإنسان.

العجيب أنها قد أصبحت عبارةً تداوليّةً في غير مظانّها التي جُعلت لها حين ولادتها؛ فقد تقال لمن يحتفل بانتهاء مرحلة الروضة مثلًا! وقد تقال لمن أنهى الثانوية أو المرحلة الجامعية الأولى. أنا شخصيًّا، وخلال دراستي للدكتوراه، أصبحت متردّدةً في استعمالها.

جعلتُ هذه الصفحات التي أتركها بين أيديكم دعوةً للتأمل فيما نقوله، وأثر هذا الذي نقوله علينا، أو على الآخرين... فهل نحنُ حقًّا نتداولُ، على كثرةٍ، كلماتٍ وعباراتٍ لا ندرك معناها؟

وهل نحن مستعدون حقًّا لما يتصل بها، أو يترتب عليها؟

هذه وقفات ومحطّاتٌ، دوّنتها ههنا مُستلّةً من تجربتي، ومستقاةً من وجهة نظري، ومُستخرجة من تأملاتي ومشاهداتي

وسماعاتي، أو ربما كذلك من كثيرٍ من قراءات مختلفةٍ استوقفتني في فترة الدراسات العليا، فهي وليدةٌ من ولائد تجربتي، وبنتٌ من بنات ساعاتي وأيّامي.

# منذ الطفولة

قد لا يفكر الرجل والمرأة بنوع المهارات التي يتقنونها أو بما هي نقاط قوتهم، فقد كانتِ العادةُ أن يقول الإنسان ما ينقصه أو ما لا يستطيعه، ولم نعتد أن نذكر ما نتميز به على الرغم من أن بعض النّاس قد يردد ما قاله سيدنا يوسف ﴿قَالَ اجْعَلْنِي عَلَىٰ خَزَائِنِ الْأَرْضِ إِنِّي حَفِيظٌ عَلِيمٌ﴾ [يوسف 55].

ويصبح الأمر أصعبَ بعد الارتباط أو الزواج خاصة، وأنه سيرتبط، من بعدُ، برعاية أطفال وتربيتهم ومتابعتهم.

بدأت تنتشر نصائح عن التخطيط والاستعداد لمرحلة الحمل، وكيف سنربي الطفل؟ وذلك من أمثال: ما القيمُ التي أرغب في غرسها فيه وما الأمور التي سأشجعه عليها؟

بعض أولياء الأمور، ودون وعي منهم، يعلمون أطفالهم ما يتقنون أو يحبون، فاختصاصية تغذية، مثلًا، قد تعلم طفلتها أو طفلها أسماء العناصر الغذائية وتتحدث عن الفيتامينات وغيرها. أو قد نرى أبًا يتخصص باللغة العربية فيغرس حبَّ اللغة وأدبها ومفرداتها في نفوس أبنائه، وكذا في العلوم والمهن الأخرى.

أو قد يحدث العكس، وذلك كأن ينفُر طفل مما يقوم به والداه، إمّا بسبب طريقة حديثهم وترغيبهم، أو بسبب إجبارهم له

على القيام بما يحبونه هم، لا ما يرغب هو أن يقوم به.

فأن تستثمر طاقاتِ طفل أو أن توجهَه لغاية ما، يعني ألا تتركه للتعليم التقليدي وسنوات الدراسة المكررة المعتادة فحسب، ثمّ ننتظر ما يكون له أو يكون منه، بدلًا من متابعته ودعمه وتحفيزه.

## لابدَّ من خطوات واعية...

هذه فكرة سمعناها أو قرأنا عنها قديمًا، كما في قصة الرجل الذي حفز أبا حنيفة على أن يبدأ في دراسة الفقه؛ فقد نشأ أبو حنيفة في الكوفة في أسرةٍ مسلمةٍ صالحة غنيةٍ كريمة، ويبدو أنّه قد كان وحيد أبويه، وكان أبوه يبيع الأثواب في دكانٍ له في الكوفة. ويُروى عن أبي حنيفة أنه قال: «مررت يومًا على الشّعبيِّ وهو جالسٌ فدعاني وقال لي:

- إلى من تختلف؟

فقلتُ:

- أختلف إلى السوق.

فقال:

- لم أعنِ الاختلاف إلى السوق، عنيتُ الاختلاف إلى العلماء.

فقلت له:

- أنا قليل الاختلاف إليهم.

فقال لي:

- لا تغفل، وعليك بالنظر في العلم ومجالسة العلماء، فإنّي أرى فيك يقظةً وحركة.

قال:

- فوقع في قلبي من قوله، فتركت الاختلاف إلى السوق وأخذت في العلم، فنفعني الله بقوله».

أو ربما في القرون الأخيرة نقرأ كتابًا عن تنشئة كارل وايت الذي أراد له والده أن ينهي درجة الدكتوراه وهو طفل، ويوضح في كتابه ماذا قام به؟ وكيف أثر ذلك على الطفل؟ وما التحديات والفرص التي أوجدها له؟

إنّ فترة الطفولة فترة ذهبية لاكتساب الخبرات واكتشاف القدرات والطاقات، ونحن في العالم العربي تحديدًا نتحدث عن التطور في الدول الأجنبية وننسى تلك الفرصَ التي تطوِّر القدراتِ منذ الصغر ليفتح الأبواب أمام الأطفال لتجربة شيء جديد والتعرف على ما هو خارج أسوار منزلهم، أو ربما على ما هو خارج سورِ عقْلِ مَنْ حوله!

عندما نتحدث مع طفل ونرغب في أن يكون هادئًا و(عاقلًا) وناجحًا في دراسته فلنسأل أنفسنا أولًا ماذا قدمنا له ولأنفسنا؟

عندما ينجح طفل أو نردد له كلمة مثل «عقبال الدكتوراه»، فلنسأل أنفسنا هل الدراسة الأكاديمية هي أفضلُ خيار له؟

تَردادُ مثل هذه الكلمات أمامه يجب أن يذكرنا بمتطلبات ذلك من مثل **ضرورة التعوُّدِ على القراءة.**

تبين الدراسات أن توفير الكتب حول الطفل، مجردَ توفيرها، يحسن مستوى أدائه أكثر 3 مرّات من الطفل الذي لا يرى الكتب.

ونرى كذلك فنلندا وهي تحفز الأم على القراءة لطفلها وهو جنين، والاستعداد لذلك حتى يعتاد القراءة ويتقنها وهو في الثالثة من عمره.

القراءة تشجع على التعلم الذاتي المستمر وتُوجِدُ آلياتٍ ذاتيةً ليتعامل الإنسان مع ما حوله لو أحسن القراءة. نعم فمنذ الطفولة يرى الطفل مَنْ حولَهُ ويسمع كلماتِهم حول العلم والتعلم، ولذلك أهمية كبيرةٌ في حياته.

شخصيًّا كنت أرى أمي رحمها الله تعمل المستحيل كي تقرأ قبل نومها مهما كانت متعبة، وأرى فرحتها وهي تدرسني أو تسألني عمّا تعلمت، بل وهي تتابع معلماتي كذلك وتتواصل معهن لتوفر لي بيئة آمنة محفزة.

تبدأ تلك الرحلة الطويلة منذ الطفولة غالبًا، ولكن هذا لا يمنع أن يغير الإنسان من حاله وأن يحاول حتى لو كان في مرحلة متقدمة نسبيًّا من العمر.

إنها دعوة لنا جميعًا لنساعد ذاك الإنسان الذي تحمسنا وقلنا له «عقبال الدكتوراه»، دعوة لأولياء الأمور والمعلمين وصنّاع القرار والمهتمين، دعوة تبدأ من «تربية الجنين».

# أثر المعلم

لا شك أن كلَّ واحد منا يتذكر معلمًا لا يُنسى؛ إما لحسن تعامله، أو لحسن تعليمه، أو لشيء خلاف هذا.

أكرمني الله بمعلمات ملهمات أذكر منهن معلمة اللغة الفرنسية التي كان لي معها تجربة لا تنسى، فلا أنسى ما أنسى وهي تودعني عند مغادرة المدرسة وتوصيني بالاهتمام بدراستي والاستمرار على ذات الهمة، لا أنسى ألبتةَ احتضانها لي، وإمساكها بيدي، لا تغادرني نظرتها التي أشعلت في قلبي جذوته، وأثمرت في عقلي توهّجه، وما زلت حتى الساعة أحمل لها كل تقدير واحترام لإتقانها وحسن زرعها في نفسي.

تفاصيل كثيرة وراء هذه القصة لا مجال لذكرها، ولكنها تلهم كثيرًا من المعلمين، فانظروا كم للكلمة من أثر؟ وكم للكلمة من قوّة؟.

وهنا أتذكر حديث الرسول صلى الله عليه وسلم وهو يودع معاذَ بنَ جبل، ممسكًا بيده ويقول: يا معاذ إني أحبك وإني أعلمك كلمات.

نعم فقد بُعث الرسول صلى الله عليه وسلم معلمًا يتمم مكارم الأخلاق.

في الصف العاشر علمتنا معلمة الجغرافيا الكثير، وكانت تذكر

لنا قصة عن أختها وكيف كادت عائلتها أن تتركها عند الهرب من الاحتلال الصهيوني إلا أن معلمتي سلطانة حملت أختها الرضيعة في وقت كان عمرها -هي نفسها- ما يقرب من 7 سنوات ويسر الله لهم عربة تقلهم.

بعد سنوات كلما تعبت أم معلمتي من طفلتها الصغيرة التي تم إنقاذها، عاتبت معلمتي وقالت لها: الحق عليك يا سلطانة!

تأثير القصة وقتها كان كالسحر وكأن الزمن نقلني لأحيا تلك اللحظات وهي تحملها في ذاك الموقف.

تأتي معلمتي لتُحْيِيَ في طالباتها همة من نوع مختلف حيث طلبت مني أن أعدها بأني سأتابع دراستي حتى الدكتوراه. لم تكتفِ بالوعد، بل استمرت تخبرني عن التحديات وهي تقول: قد لا يسمح لك زوجك، أو ربما تنشغلين بأطفالك، مهما كان الأمر لا تنسي الوعد، وأخبرتني أهمية ذلك ودوره لي ولمن حولي.

وما زلتُ كلما واجهت تحديًا تذكرت كلَّ تلك التحديات التي أشارت لها، وتذكرت كيف ناقشت معي طريقَ تجاوزها.

كان وعدًا عند درج المدرسة لطالبة في الثانوية، لتحاول ذات الطالبة جهدها وتستمر حتى عام 2019 (ساعةَ كتابة هذه الورقاتِ) وهي تدنو جدًّا من تخرجها في الدكتوراه.

بحثت عن المعلمة سلطانة وذكرتها بالموقف لأتفاجأ بأنني لم أكن المحفَّزة الوحيدة، بل كانت سلطانة المربية، بعد الله تعالى، سببًا في متابعة عدد غير قليل من الطالبات لدراستهن العليا.

قد ينسى البعض أثر كلماته ولا يدري أن هناكَ قلبًا كان متعطشًا لسماعها أو ربما كانت أبواب السماء مفتوحة لدعاء أُستُجيب لحظتها.

فتأمل فيمن حولك! فلربما كنت أنت ذاك الملهمَ الذي مهد لذلك بحسن علاقته بالآخر، وبذكاء تحفيزه له، وبكونه له ولغيره نموذجًا مميزًا للعطاء، لا أن تكون من هؤلاء الذين ينطقون بكلمات قد تقتل أحلامًا، ويلعنه من بعدُ آخرون على قولها، آخرون كانت عندهم ولائدُ الأفكار جاهزة للإنجاز، فقتلها هؤلاء من بعدُ بكلماتهم.

لم تطلب مني الوفاء بالوعد دون أن تخبرني عن نوعية التحديات التي قد أواجهها وأن التعامل معها ممكن وليس مستحيلًا.

في ذاك الوقت كان عددُ من يكمل دراسته الجامعية لا يُذكر لقلّته، ولم تكن الفكرة منتشرة بشكل كبير على حدّ علمي.

إنَّ وعي المعلم المربي وتوسعة الأفق لمن حوله مهم جدًّا، وإنَّ وعيه بالتحديات والعقبات ومقترحات التعامل معها من الأهمية بمكان.

هناك من يطلب المهام من الآخرين ولا يساعدهم مما قد يسبب لهم الاحتراق الداخلي بل والانتكاس.

فكن أنت مصدر الضوء لا انعكاسه!

# اختيار التخصص

علمي أو أدبي؟

هكذا يبدأ البعض سؤال الفتى أو الفتاة عندما يقترب من مرحلة الثانوية: علمي أو أدبي؟

وأظن أن الفكرة السائدة ما زالت تثمن الدراسة العلمية، بل وتركز على تخصصات الطب والهندسة، وتنظر لمن يختار أي تخصص آخرَ نظرة دونية، أو ترميه في ظلال تصنيف مجتمعنا له بـ: مسكين!

ولا تهدف هذه الوقفةُ لتقييم نظرة الناس، فكل له رأي يحترم ولكنها دعوة للنظر من زاوية مختلفة.

نعم قد لا يزال للمهن العلمية تقدير أكثر وقَبول عالمي وامتيازات لا تخفى على المستوى الاجتماعي، ولكن الحياة تحتاج تكاملَ كلِّ تلك التخصصاتِ خاصة في بعض المجتمعات.

شخصيًّا عندما كنت صغيرة السن كنت أرغب أن أكون عالمة فضاء.

أسرتني تلك الكواكبُ والنظريات والدراسات ولكني لم أقتنع أن أعيش خارج الوطن العربي طوال عمري ولم أجد لها مستقبلًا في عالمنا في تلك الحقبة الزمنية.

وبعد بحث وتأمل قررت دراسة الفقه الإسلامي وأصوله أولًا لأتعرف على الدين الإسلامي أكثر، ولأجيب عن أسئلة عدة كانت ستبقى عالقة في بالي لو درست تخصصًا آخرَ.

والأمثلة من العلماء الأفاضل الذين درسوا لي كثيرة والدعاء لهم موصول.

كنت الطالبة الأعلى درجة من الذين اختاروا التخصص كاختيار أول وليس آخر خيار في ورقة التسجيل الجامعي! وأذكر تكريمي وقتها وذاك الحفل وتلك المفاجأة.

لم يكن التخصص نقطة النهاية بل كان بداية للبحث المتعمق وحاولنا حفظ المتون والدراسة المتخصصة في حلقات علمية.

تلك الفترة كانت من أفضل المراحل، كانت أكثرها جمالًا وعطاء.

إلا أن الحياة ليست وردية كما تبدو في كتابة السطور السابقة.

كان البعض يرفض تعيينَ خريجي الشريعة في وظائفَ عدّةٍ، ويعدّهم خارج الزمن أو التغطية!

حتى إنّ طالباتي كانت لهم نظرة تقليدية حول خريجي الشريعة الإسلامية، وأن معرفتهم كذلك باللغات الأخرى قليلة، وأنّ معرفتهم بباقي التخصصات كذلك معدومة. والأخطر أنهم، في تقدير هؤلاء، منعزلون عن عالمهم.

ظننت أن هذه الحالةَ هي وجهة نظر عند بعض الناس إلا أن أحد العلماء ذكرها في محاضرته، فهو شخصيًّا لم يقرأ كتابًا آخرَ

في غير الشريعة الإسلامية منذ كان في المرحلة الثانوية وحتى الثلاثين من عمره عندما اضطره عمله للبحث عن حكم فقهي في مسألة طبية، وهنا بدأت رحلة مختلفة لتعلم لغات أخرى وقراءات مختلفة.

وأرى أن هذا ينطبق على أي تخصص، فالكثير يظنُّ أن التركيز على تخصصه يساعده ليكون أكثر علمًا، وعلى الحقيقة سيكون أكثر ابتعادًا عن تخصصه، وقد يفقد القدرة على تطويره والابتكار فيه. فاليوم تنتشر دعوات للحث على الدراسات البينية والدراسات التي تجمع بين عدة تخصصات.

وفي المقابل، بالتأكيد تعرف كثيرًا ممن غير تخصصه بعد سنوات من الدراسة، وربما اكتشف لاحقًا أن كلا القرارين لم يساعداه في تحقيق ما يسعده.

ونعرف من غيّر تخصصَه بالكامل بعد سنوات من تخرجه بالممارسة أو بدراسة مختلفة.

ونعرف من أبدع بتخصصه وأضاف له الكثير. نعم قد يضيف هو لتخصصه أو يضيف التخصص له الكثير!

ويأتي سائل ليقول: لِمَ لمْ يستشرْ، ويرى هذا منه استهتارًا وينمّ عن انعدام مسؤولية. وعلى الرغم من أننا قد نقرّ أن البعض يفتقر لمهارات اتخاذ القرار، وأنه مهما كان خيار الإنسان في أن يكمل دراسته أو لا، فإنه يجب علينا أن نحترم قراره وأن نوفر له فرص عمل وعطاء وتعلم.

فالإنسان قد يدرس تخصصًا ما حاليًّا وهو يدرك أن سوق العمل تتغير وقد تتطلب مهاراتٍ ومعارفَ لم تُفتح لها تخصصاتٌ بعد.

من الطلبة من يركز على الدرجات ويفتقر للمهارات العملية، ونقيضه من يهمل دراسته ودرجاته ويركز على الأنشطة ليكتشف أنه لن يستطيع أن يكمل دراسته بسبب درجاته!

يتطلب ذلك التعرفَ على قصصٍ نجاحات مميزة وتعلُّم إدارة الوقت واكتشاف المهارات والقدرات.

أما التأمل في الممارسات فحكاية أخرى، فالتجربة قد تؤدي لظنون وقرارات لم تُبنَ على أسس سليمة، وإنما بنيت على تجربة محدودة قاصرة.

زوجة، أم، طالبة

قدر الله أن أسافر بعيدًا عن أهلي لدولة أخرى بمجرد زواجي، وبعدها بقليل بدأت رحلتي المهنية، وعندما كنت أبحث عن فرصة تعلّم كان يقال لي: ما زلت متحمسة، عندما يرزقك الله الأطفال ستنسين كل هذا!

ورزقني الله بطفلتي الأولى وبعدها بأخيها بفترة قصيرة، وبدأ الكلُّ يلومني على العمل والاشتراك في دورات وحلقات العلم ومعي أطفالي!

ففكرة الأم المثالية وقضاء الوقت في الطهي وفي المنزل فقط، حيث لو سُئلت عن آخرِ كتاب قرأته ستقول: لا وقتَ لديّ، فكرةٌ منتشرةٌ في بعض المجتمعات.

الدراسات تقول إن ظاهرة الأم المثالية أو الأمومة المكثفة (intensive motherhood) تؤثر على الأطفال سلبًا وعلى الأم والأسرة كذلك.

وأرجو ألا يُفهم من كلامي أني ضد بقاء المرأة في المنزل دون وظيفة رسمية. وإنما أقصد أن تدرك المرأة خياراتِها وتبذل جهدها في تحقيق ذلك. فلو اختارتِ البقاء في المنزل فلتدرك أن دورها أهمُّ بكثير من مجرد النوم لساعات دون تطوير مهاراتها وقدراتها، أو حتى لوم أطفالها على تضحياتها. فذلك قرارها هي، ويجب أن تدرك إيجابياتِه وسلبياته.

أو تختار العمل الرسمي وعندها لابد أن تعرف قدراتها، وما الطرقُ الأنسب التي يمكن أن تتبعها للموازنة بين أدوارها. والموازنة ههنا لا تعني المساواة. وفي هذا المقام خاصة أنصحها بقراءة كتاب «تقدمي للأمام[1]» الذي يبيّن التحدياتِ الذاتيةَ وينصح بضرورة التعاون بين الزوجين، والابتعاد عن جلد الذات والصورة النمطية لما هو أبعد من المثالية!

وفي الحالات جميعِها يجب أن توفر الدولة خياراتٍ لدعم المرأة سواء كان ذلك في تطوير قوانين العمل، وتخفيف ساعات الدوام ومراعاة تعدد الأدوار، أو حتى في توفير إجازة أبوة للأب ليساعد زوجته في الرعاية بالأولاد خاصة في بداية حياتهم. ومن

---

(1) كتاب مترجم شهير للمؤلفة شيريل ساندبرج، عنوانه باللغة الإنجليزية "Lean in".

الكتب المهمة في هذا المجال «ثمن الأمومة» الذي يجب أن يقرأه كلُّ صانع قرار «The price of motherhood[1]»، وكذلك كتاب «المخ ذكر أو أنثى[2]» لما فيه من عظيم الفائدة في بابه ههنا!!

إن لرعاية طاقات وقدرات المرأة أثره الذي لا يخفى على الأمم، فهي الأم والأخت والزوجة.

بل إنها هي هي!!

نحتاج أن نقدم الدعم نحن النساء لأنفسنا ولبنات آدم، وألا نقسو على كل من تحاول أو تسعى، بل نوفر حلولًا. ومثال ذلك داعية مشهورة لها عدد من أولادها التوائم وكان من الصعوبة بمكان ترك أطفالها، فكان هناك من يتكفل برعاية أطفالها، بل ويعد لها الدروس والعروض التقديمية. شخصيًّا في بداية عملي كنت أحتاج لبعض النماذج الفنية، وكانت صديقاتي يرسلنها لي بالبريد وقتها كي أطبقها في المدرسة مع طالباتي.

والأمثلة كثيرة ...

يبقى تحديد الهدف والوعي بالتحديات والتعامل معها وتحديد نقاط القوة الذاتية والموارد الذاتية.

وفي هذا الإطار عملت مع فريق (سبر[3]) على برنامج تطوير وتمكين المرأة في نسختيه: الثروة الناعمة وتالنتر.

---

(1) مؤلفة الكتاب هي Ann Crittenden.

(2) كتاب مميز، للمؤلفين د.عمرو شريف ود. نبيل كامل.

(3) للتعرف أكثر على سبر https://www.sabr-sp.com/ar/home.

نحتاج أحيانًا أن نضحك على أخطائنا، ونثابر من بعد مرة أخرى، فتلك المواقف هي جزء من رحلتنا وليس ما نظنه النهاية. فالرحلة اليومية لتحقيق ذلك هي ما نحققه.

تحتاج الزوجة ألا تتذمّر أمام أطفالها وزوجها لأن الحلَّ الأسهل له أن يمنعها، ربما ليريح رأسه وينهي بذلك معاناته...، أو ربما ليريحها هي بإنهاء معاناتها. فلابدَّ أن تدرك المرأة الفرق بين طلب المساعدة وبين الشكوى المستمرة.

وصايا كثيرة لكن الأهم أن يكون الخيارُ بناءً على هدف يستحق كلّ تلك اللحظاتِ التي لا شك أنها ستمر بها.

قد تنطبق كثير من هذه الأمور على الرجال بصورة أو بأخرى، لكن المرأة تحتاج دعمًا وتشجيعًا خاصًّا لطبيعتها الخاصّة بها، دعمًا ينهض بها لتحافظ على ميزاتها بوصفها امرأة، فلا تكون نسخة أخرى من الرجل، دعمًا تحافظ به على ما حباها الله تعالى من عطاءات وسمات.

وأختم بالبشرى لكل إنسان أن الطريق مشرق ويحمل الكثير من المفاجآت!!

# أولادي والدراسة

في صدر هذا الكتاب تحدثت عن البدء منذ الطفولة ثم مررنا باختيار التخصص، ووصولًا لقرار: هل أتابع دراستي أو أنّ لدي أولوياتٍ أخرى؟

قد تواجه الأنثى بنصائحَ من مثل: أجّلي دراستك حتى يكبرَ أطفالك، لو كانت متزوجة، أو من مثل: أجّلي حتى تتزوجي، لو لم تكن متزوجة!

وكذا الحال عند الرجال، فقد قابلت رجلًا كان يطمح في متابعة دراسته لكنه قرر أن يوفر المبلغ المالي ليعلم أولاده، ولم يتمّها فعلًا، كانوا دائمًا سيجدون سببًا للتأجيل، أنت وحدَك، وحدَك، من تقرر متى الأنسب لك بعد توفيق الله.

ولو قررت الدراسة وأطفالك حولك ستجد لذلك لذةً من نوع مختلف على الرغم من التعب، فإحدى بناتي كانت تجلس قربي وترسم شاشة الحاسوب على دفترها وتحاول تقليدي وهي في الصف الثالث الابتدائي. خلال دراستي الدكتوراه كانوا يساعدونني في بعض المهام من ترتيب ملفات أو طباعة، وكنت أتعمّد تعليمهم كي تتطورَ مهاراتهم ويسهل عليهم الأمر. كلَّ يوم كانوا يسألونني: كم كلمة كتبت (كان يطلب منا في الرسالة أن

نكتب 80 ألف كلمة)، ومن الصعب طبعًا أن أجدَ إجابة لا تحبطهم كل يوم!

من أهم ما تعلمته ضرورة الحوار معهم، مشاركتهم أهمية الأمر والمغامرات التي تحيط به، وعلى الرغم من الإيجابيات كلّها فإنَّها مثل أي أمر آخرَ ينطوي على كثير من السلبيات، مثل عدم مشاركتهم الكثير من فعالياتهم، وكثيرًا مما يحبونه.

لكنْ ينبغي التذكير بالوقت النوعي وليس الكميِّ. فهناك من لا تعمل، ولكنها، مع هذا، لا تعلم عن أطفالها الكثير أو لا تنتبه لذلك. ومن هنا يمكن التعرُّف على فرص لمساعدة الأطفال مثل دورات ومراكز للأطفال أو من قبل الأهل أو المدرسة، بل قد يساعد الأطفالُ الوالدين لو كان عمرهم يسمح بذلك.

كل إنسان يحدّد حالته وظروفه وما يمكنه، فلربما ناسبه خيار الدراسة وأطفاله أصغر عمرًا من حيث مسؤولياتُهم وتكاليفُ دراستهم، وآخرون قد يكون الأنسبُ لهم أن يدرسوا مع أبنائهم في المرحلة الجامعية.

بعيدًا عن مقاس واحد يناسب الجميع، كلُّ واحد يختار الوصفة السحرية الخاصة به.

# تقديم الطلبات

اتخذت قرارك والآن ترغبُ باستكمال دراستك، وهو الأمر الذي لابدَّ أن يكون واضحًا ومحددًا كي لا تتراجع في منتصف الطريق.

كثيرًا ما يسألونني عن كيفية تقديم طلبات دراسة الدكتوراه، وكنت أردُّ: ربما أكتب كتابًا فقط عن مرحلة تقديم الطلبات.

نعم، فمرحلة تقديم الطلبات رحلة مختلفةٌ بكلِّ ما فيها.

خلال دراسة البكالوريوس كنت أحرص على حضور محاضرات الدراسات العليا والتعرف على ما يحدث خلال مناقشة رسائل الماجستير والدكتوراه. كنتُ أبحث عن التخصص والموضوع، وظننت أني اخترت وأن خطتي هي الأنسب.

حتى قدر الله ألا يكون التخصصُ المتاح في الدولة التي أقمت بها سوى ماجستير قيادة تربوية! تخصّص لم يخطر لي على بال وقتها. أو لأكونَ أكثر دقة لم أسمع به من قبل.

ورأيتها فرصة طيبة للتعرف أكثر على مجال عملي في التربية والتعليم، ولا شك أنَّ ميزة البرنامج أنه طُرح باللغة الإنجليزية تحت قيادة دكتورة أمريكية مبدعة. وكان هذا لي من لطف تقدير الله وتيسيره.

كل شيء كان محدّثًا ووفقَ آخر النظريات والممارسات، كانت المراجع التي ندرسها قد طبعت في نفس العام الذي التحقت فيه، وكنا نتعرف فيه على شخصيات مميزة. خاصة أننا كنا الدفعة الأولى. وكما كلّ شيء، هناك من يتخصص في اللوم والتثبيط وكانت حجتهم بعد أطفالي وعملي، كيف تسجلين في برنامج يطرح لأول مرة؟ وأتفهم وجهة نظرهم خاصة وأنّ البرنامج لم تظهر ثمارُه بعد وجديدٌ نسبيًّا على العالم العربي، حيث كان المعروف وقتها تخصص الإدارة التربوية. إلا أننا لابد أن نعترف أنه دائمًا سيكون هناك مرة أولى، وجمالُ البدايات لا يدركه كثيرون!

وظهر هنا تحدٍّ آخرُ: ما هذا التخصص؟ وما مجاله؟ وما المهن المرتبطة به؟

للأسف للآن في العالم العربي لا يعرف كثير من المتخصصين ما المجالات التي تتعلق بهذا التخصص؟

فالتركيز في التربية عادة على المناهج أو العلوم النفسية وقلةٌ من يعطي أهمية للقيادة مع أنّ أثرها على أداء المعلمين والطلاب لا يخفى. ثم بدأت رحلة البحث عن جامعة لدراسة الدكتوراه وتلك حكاية أخرى.

أسئلة هامّة... تستحقُّ التوقّف...

- أولًا... ما الجامعات المعتمدة في دولتك؟ ودولتك قد تعني التي تحمل جنسيتها أو التي تعيش بها؟

2. ما ترتيب تلك الجامعة؟ وسمعتها؟ فهناك الكثير من خريجي الجامعات من حملة الدكتوراه إلا أن سمعة الجامعة أصبح لها معيار آخرُ، خاصة وأن البعض يشتري الشهادات بمبالغ مالية دون أن يدرس حرفًا.

فبدأت البحث عن تصنيف الجامعات لأختار أفضلها وأعلاها.

3. هل التخصص الذي أرغب بدراسته موجودٌ في هذه الجامعة؟ وهنا لا بد من البحث على مواقعهم وهذه مهارة أخرى لأن كلّ جامعة لها طريقة مختلفة في عرض معلوماتها.

4. ما شروطُ القبول في الجامعة؟ بعض الجامعات تطلب مهارات عليا باللغة التي تطرح المواد بها. أو تطلب شهادة تزكية من دكتور أو من رئيسك المباشر في العمل.

وكان من التحديات التي واجهتني أن يقبل بعض من طلبت تزكيتهم مراسلة أكثر من جامعة والإجابة على أسئلتهم بالرغم من انشغالهم.

5. متى مواعيدُ تقديم الطلبات وهل تناسبك أو لا؟

بعض الجامعات تطرح برامجَ متخصصةً مثل دكتوراه تنفيذية، وأخرى دكتوراه فلسفة، وبعضها تطرح برامج تتضمن مقررات، وأخرى تعتمد على البحوث.

6. هل ترغب بالدوام الكلي أو الجزئي وهل الفترة تناسبك أو لا؟

7. هل الرسوم مناسبة لك وما مدى توفر منح دراسية؟

8. هل تستلزم تأشيرة أو سفرًا أو تفرغًا معينًا؟

مجموعة أسئلة لابد من وقفة مع النفس قبل الالتزام والبدء بالدراسة، خذ نفسًا! لم تنته الأسئلة بعد:

9. هل هذا التخصص متناسق مع تخصصك السابق وتقبل به المؤسسات في دولتك أو ترفضه وتقول إنك غير متمكن من معرفتك.

فبعض الجامعات لا تقبل توظيف حملة الدكتوراه إذا اختلف تخصص البكالوريوس عن الماجستير عن الدكتوراه بينما هناك مؤسسات أكاديمية تطلب ذلك وتراه مؤشر قوة وتمكن!

10. هل الجامعة توفر مشرفًا على تخصصك في ذلك الوقت؟ كثير من الجامعات قد ترفض الطلب لانشغال أعضاء هيئة التدريس وقت تقديم الطلب وهذا أمر آخر.

11. هل المشرف تخصصه ومهاراته مناسبة؟ قد تحتاج لإجراء مقابلة مع المشرف ليتعرف على مستواك وأهدافك وتوقعاتك.

12. ما المميزات التي تقدمها الجامعة من دورات أو دعم أو علاقات...إلخ؟

للأسف كل هذه الأسئلة بداية الطريق!!

ثم نأتي لمرحلة أهمَّ تطلبها معظم الجامعات وهي طلبٌ مبدئي لعرض الموضوع الذي ترغب به وكل جامعة لها نموذج أو قالب وطلبات مختلفة عن غيرها سواء من حيث عددُ الكلمات أو ترتيبُ المحاور أو عمق ومستوى الطلب. بعض الجامعات تسمح

بتغيير الموضوع بعد التسجيل وأخرى تمنع ذلك حيث سيتم اختيار المشرف بناء على طلبك وتخصصك.

وانتبه هنا جيدًا لأن الموضوع الذي تختاره ستقضي بصحبته ما لا يقل عن ثلاثِ سنوات!

ستقرؤُه وتقرأ فيه وحوله مما قد يشعرك بالغثيان أحيانًا.

ونعود للأسئلة: كيف أختار الموضوع؟

هناك عدة طرق:

- سؤال المتخصصين الذين تثق برأيهم.
- متابعة آخرِ الدراسات وأحدثها، والتعرف على أهم الاتجاهات في البحوث.
- مشكلة أو رغبة شخصية ترغب في التعرف عليها.
- أمر مررت به خلال دراستك وترغب في التبحر فيه.
- وغالبًا ما تكون قدرًا وتيسيرًا من الله.

عندما كنت أبحث عن موضوع جربت كل ما ذكر أعلاه وبدأت بالكتابة عن القائد المعلم leader teacher وخلال الطلب كتبت مرتين teacher leader المعلم القيادي، فسألتني المشرفة لا بد أن توحدي المصطلحات وأيهما تختارين؟ فبحثت حتى أحببت الموضوع ولم أعرف عنه من قبل بالمستوى الذي تعلمته خلال البحث.

وإشارة سريعة: من الطبيعي جدًّا أن ترى أن مستوى كتابة الطلب لم يكن مناسبًا بعد فترة من كتابته، فغالبًا ستضحك عليه

بعد أشهر من بدء دراستك الفعلية وتقول لمشرفك: لو كنت مكانك لما قبلت تسجيلي!!

فخذ نفسًا عميقًا واستعد لرحلة قد تأخذ منك سنتين أو أكثر... شخصيًّا أخذت مني ثلاثَ سنوات!! حتى يسر الله لي الجامعة التي تخرجت فيها.

# ما لم أعرفه عن دراسة الدكتوراه

لا شك أنّ مرحلة الماجستير مرحلة مختلفة ونقلة نوعية عن مرحلة البكالوريوس.

يظن البعض أن البكالوريوس ضغط ودراسة حتى تبدأ المحاضرة الأولى في الماجستير، والكثير يشعر بالضياع والتيه. خاصة أن الدراسة في الأغلب تتطلب الاعتماد على النفس والأبحاث، بينما للأسف كثير من مناهج الدول العربية تركز على الحفظ وتذكر المعلومة ولم تدرب الطلاب على البحث والتفكير الناقد. حتى إن البعض لا يدرك الفرق بين البحث عن المعلومة وجمعها فقط، وبين البحث كعملية جمع معلومات وتحليلها ونقدها واستخراج الحلول للمشكلات أو الفرضيات التي تم تحديدها. ليتفاجأ أنّ كل هذه المهارات مطلوبة منه في الدراسات العليا.

كما أنها تتطلب مهاراتٍ في القراءة والتعرف على مصطلحات أكاديمية جديدة وطريقة تأليف مختلفة عن الكتب السابقة. ومع كلّ هذا التعب ينهي البعض الماجستير وقد أخذ مقلبًا كبيرًا في نفسه وكأنه ملك العلم كله، ولا يدرك حجم ما لا يعرف ومدى إتقانه له حتى يبدأ بدراسة الدكتوراه، وعندها تبدأ الصدمات من كل حدب وصوب.

شخصيًّا احتجت فترة لفهم اختلاف البيئات التعليمية بين الدول والجامعات، وتقييم مستوى المهام ومتطلبات الجامعة.

شخصيًّا احتجت لسنة كاملة لألحق بمستوى مهاراتهم التي يقولون إنها يجب أن يتم إتقانها على مستوى البكالوريوس!!

وكل هذه التحديات تعدّ طبيعية، إلا أنه لم يخبرني أحدٌ من قبل عن آلام مخاض الأفكار!

نعم يجب أن تكون الفكرة أصيلة، من تأليفك، التعبير عنها دقيق وبليغ!

لم يخبرني أحد أن هذه المرحلةَ ستعريك من داخلك وتجعلك تفكر ألف مرة: لِمَ أتحمّلُ كلَّ هذا؟!

هل حقًّا هذه الفكرة التي أرغب بإيصالها؟ هل هذا التخصص الذي أرغب به؟

عند الاطلاع على الكتب المتعلقة بتطوير مهارات طلبة الدراسات العليا في كتابة البحوث ورسائل الدكتوراه الأجنبية، ستجد أنَّ بعضها يشير إلى أن حالات الاكتئاب تزداد بين طلبة الدراسات العليا، ويناقش ذلك وكيفية التعامل معه. ويتم طرح بعض ما يمرُّ به ويؤثر عليه مثل متلازمة المحتال، وذاك الشعور الخفي بأن الطالب لا مؤهلات لديه لكتابةِ أفكاره أو نقد من سبقه أو حتى لتقديم شيء جديد، عدا القليل من الطلبة. وشخصيًّا لمست فرقًا كبيرًا بين مستوى ما تقدمه بعض الجامعات في الدول العربية لطلبتها.

ومن المهارات التي ينبغي التدريب عليها ما يتعلق بإدارة الذات لاستثمار الوقت، لست مع ما يسمى إدارة الوقت، فالجميع لديه 24 ساعة وكل شخص يملك أن يطور مهاراته الذاتية وطريقة تعامله مع الأمور والمهام. على الجانب الشخصي، كنت أظن أني أحسن استثمار الوقت إلا أن عالم دراسة الدكتوراه مختلف وقياس الزمن فيه يحتاج مهارة وضبطًا عاليًا لقراءة المفيد واستخلاص النتائج وكتابتها وتنظيم البيانات لحين العودة إليها، وإدارة المراجع سواء يدويًّا أو إلكترونيًّا، والكثير الكثير من المهارات التي ينبغي توثيقها ومشاركتها بين الباحثين بعيدًا عن التعميم. بل إن هناك مهاراتِ تجديد وشحذٍ للهمة. وبالتأكيد هناك الكثير من قصص النجاحات المميزة التي قدمت الكثير وما زالت تقدم، وقصص نجاح تحفزك لتسلم الراية وتكمل الطريق.

فتزود!

# نقاش أم ملحمة

في هذه الفترة قد تكون استكملت كتابة رسالتك وعلى وشك تقديمها رسميًّا.

تختلف الإجراءات من جامعة لأخرى، هناك من تطلب من الطالب أن يرشح محكمين لرسالته، وهناك من تمنع تدخلَه بتاتًا. جامعات تسمح بتسليم جزئي على دفعات للمحكمين وأخرى تستلزم تسليم الرسالة وفق بنود محددة وترتيب معين وتوقيع أوراق ومعاملات رسمية.

وعند معرفة أسماء المحكمين المشاركين في مناقشة رسالتك/ أطروحتك، قد تفيدك هذه النصائح:

- اقرأ عن المحكمين وأبحاثهم وأهم أقوالهم، ويفضل أن تستشهد بأقوالهم قدر المستطاع وهنا ينبغي الحذر من استشهاد خاطئ أو نقد تسوقُهُ فيكون في غير مكانه.
- اقرأ أهم البحوث التي استشهدت بها أكثر من مرة، والنقاط التي ترغب أن تركز عليها أو تتذكرها.
- تناولْ طعامًا صحيًّا ونم جيدًا، وحافظ على الرياضة والاسترخاء وبالتأكيد أكثرْ من الدعاء والاستغفار.

- لا تحاول حفظ كل رسالتك لأنهم قد يسألونك عن أمورٍ لم تخطر لك.
- ناقشهم، قد تبين وجهة نظرك، ليس بهدف إقناعهم وتغيير رأيهم، بل لتطمئنهم أنك تملك الأدواتِ اللازمةَ والمنهجية السليمة، وأنّ رأيك مبنيٌّ على أدلة وليس تعنتًا أو تحيزًا.
- تذكر أنها محطة أخرى للتعلم فاستمتع بها، وحاول أن تنظر للأمر أنه نقاش مع أصدقاء لديهم خبرة ومتخصصين، ولا تستسلم لشعور أنك لن تنجح مهما ظننت الأسئلة صعبة أو ظننتَ النقد هجومًا ورفضًا.
- حدث نفسك بإيجابية وحاول أن تركز على فهم السؤال وليس الدفاع عن نفسك، فهم يناقشون ما كتبت ولا يناقشون شخصك.

وسيلزمك أن تعرف أن مدة النقاش تختلف باختلاف الجامعة، قد تتراوح بين ساعتين وبين أربع ساعات. وفيما يتعلق بالحضور قد يسمحون لجمهور حضور كل النقاش أو جزء منه أو يمنعون حضور أي شخص حتى مشرفك؟

في جميع الحالات ركز على الهدف واستعن بالله تعالى.

## وماذا بعد النقاش؟

تتراوح النتائج حسب الجامعات وتتضمن الاحتمالات التالية:

- ناجح.
- ناجح بتعديلات بسيطة.
- ناجح بتعديلات جوهرية.
- ناجح بتعديلات جوهرية مع مناقشة مرة أخرى.
- لم يستكمل درجة الدكتوراه ويمنح شهادة ماجستير في الفلسفة.
- يحرم الدرجة.

لا لم تنته الحكاية، لابد أن تتعلم لمن ترسل التعديلات أو المتطلبات لاستكمال تلك الرحلة. قد يُطلب منك إرسال التعديلات للمحكمين أو لمكتب الدراسات العليا... إجراءات تختلف باختلاف كل جامعة بل كلّ كلية أحيانًا.

افهمِ المطلوبَ واستفسر قدر المستطاع كي لا ترفض التعديلات، راجعها مرّات ومرّات واقرأها وكأنك تقرأ ما كتبه غيرُك، ولا تقرأها وأنت متبرّمٌ أو متملل. فهذه مرحلة أجمع الباحثون أنها من أصعب المراحل لشعورك بالتعب ورغبتك أن تنتهي بأسرع ما يمكن، وعلى كلٍّ فهي مرحلةٌ ستنقضي كما مر وانقضى غيرها.

فاستعدَّ للمرحلة القادمة، ولكن احتفل بإنجازك مهما كانت النتيجة.

# أنا دكتور

بدأنا رحلتنا ووقفاتنا منذ الطفولة وحتى خلال دراستك.

من اللافت للنظر حالة الفخر التي يمرُّ بها الطالب ويسعد بها حتى كأنَّ الفخرَ ينبتُ ريشًا على رأسه وهو يقول بملء فمه: طالب دكتوراه.

بعض الجامعات تحثُّ طلابها على أن (يعيشوا الدور) وأن يفرحوا بمنجزاتهم، وبالتأكيد إنه أمر يستحق الاحتفال، إلا أنني شخصيًّا أعيش شعورًا سلبيًّا عندما يردد بعضهم: أنا الدكتور فلان أو الدكتورة فلانة. أسأل نفسي دائمًا: هل يشبه الأمر ذاك الشعور عندما يقول أحدهم: إنني تخرجت من الروضة أو الثانوية؟ ولكنّ السؤال الأهم: كم بذل حقيقة من جهد خلال دراسته لينال ذلك اللقب؟

هناك من لم يكتبْ كلمة في رسالته، وهناك من لا يستطيع تحليل بيانات بحثه، فيرسلها لجهة لتقوم بذلك الأمر عنه. كان بعضُهم يضحك عليَّ ويستهزئ بي عندما كنتُ أحلّل البيانات وحدي، ويقولون: تتعبين نفسك على الفاضي!

نعم أرسلتها لمختصين لمراجعة طريقة تحليل البيانات الكمية، ولأتأكد مما قمت به ولكن قدر الله أني أعدت التحليل

ثلاثَ مرّات لاكتشافي خطأ في التعامل مع الأرقام في إحدى المرّات.

كان التحدي الأكبر بالنسبة لي هو اللغة واختيار كلمات مناسبة لتوضح المعنى بينما البيانات معظمها باللغة العربية! هذا مع قلة المراجع بالموضوع أو انعدامها التي توفرت باللغة العربية حتى أدركت أني لابد أن أقبل بمستوى معين لأن كل شيء قابل للتطوير والتعديل.

ومن الطلبة من لم يتابع أخبار جامعته أو يستثمر ما تقدمه من فرص. كنت أتفاجأ من بعض الطلبة الذين لا يعرفون عن ورش العمل التي تقدّمها الجامعة ومستوى الدورات، بل كانوا يتفاجؤون من معرفتي ومشاركتي على الرغم من عدم إقامتي بالدولة طوال سنوات الدراسة.

عندما أسمع أحدهم يقول: أنا دكتور أتمنى ألا يكون قد غشَّ أو قصَّر في طلب العلم، فالشيخ علي الطنطاوي قد كتب أن مهمتنا ليست ورقة قد تنال بالغشِّ والسرقة، بل أمة نحييها وكي تحييَ الأمةَ لابد أن نبدأ بإحياء أنفسنا.

يؤلمني من يتعلم وينسلخ من هويته وأمته ويستعير مصطلحات دون تطويرها وتعديلها.

يؤلمني ألا يستطيع هو تبسيطَ المعلومة لمن حوله كي يستفيدوا من علمه.

يؤلمني أن يقدم البعض أنموذجًا سيئًا يجعل الآخرين

يستخفون بالدراسة، حتى قال لي أحدهم: شهران فقط ويمكنك الفراغُ من الشهادة!

تعاملت مع أنواع عدّة من حملة الدكتوراه؛ منهم المتكبّر الذي يظنّ نفسه (أبو العريف) ومنهم الذي تزيده المعرفة والشهادة والخبراتُ تواضعًا ورغبة بالعلم، ومنهم الرائعون المبادرون الذين لديهم الرغبة والقدرة على تبسيط المعلومة وربطها بالواقع وحثّ الناس على الاستفادة منهم.

# الدكتوراه والعالم

عندما يتخرّج أحدُهم يظنُّ أنَّ النّاس ستشير له بالبنان.

أول نصيحة أخذتها عند البدء في كتابة الرسالة: لا تظنّي أن رسالتك ستغير العالم، بل هي نقطة صغيرة في عالم البحوث.

ومن النصائح التي سمعتها: لا تقلقي فقد تكون رسالتك أسوأ بحث قمت به في حياتك!

قد لا أتفق كثيرًا مع هذه النصائح إلا أنها تحمل الكثير من الواقعية في طياتها، فعندما قيل لي: اختاري أسهل موضوع ومنهجية بحث كي تُنهي هذه المرحلةَ بسرعة؛ كنت قد وجدتها، في الحقيقة، مرحلة مهمّة للتعلم مهما طالت أو بذلت فيها من جهد. وكما قال البعض إن الرسالة/ الأطروحة هي نقطة في عالم البحوث، بل إنني أراها نقطة في بداية السطر، نقطة انطلاقة جديدة، وولادة أفكار أخرى جديدة!

قبل أن تفكر بالعالم فكرْ ماذا قدمتْ لك الدكتوراه لتغير عالمك الشخصي:

- سواء على مستوى معارفك ومهاراتك وقناعتك.
- وعلى مستوى أدائك وعملك.
- وماذا قدمت أنت لعائلتك ولمن حولك ولمؤسستك؟

هناك من ينصحك ويقول: أجّلْ كلَّ شيءٍ حتى تتخرج، وأنا أنصحك بأن تبدأ ما تريد القيام به خلال دراستك:

أولًا: ستجرب ما تفكر فيه وتطوره، ثم إنَّ قيامك بأمور أخرى غير الدراسة سيمنحك شعورًا لذيذًا بالإنجاز، شعورًا بعيدًا عن ضغط الدراسة والالتزام بفترات معينة.

وشخصيًّا، فإن من أفضل ما ساعدني على استكمال الرحلة أن بدأتُ، بالاتفاق مع انطلاقتي، مبادراتٍ مرتبطة بتخصصي مثل مختبر القيادة التربوية ومنصة الإرشاد التربوي. فمثل هذه المبادرات تقدم مناخات معرفيّة تُبعدك عن العزلة والانتظار لاستكمال فترات زمنية محددة.

ثانيًا: ولأنها كانت تجاربَ ملهمةً فقد طورت من فكرة الرسالة. فاصنع لك عالمًا خاصًّا لتنطلق للعالم بقوة وتمكّن.

**هناك من يعيش في قوقعة البحوث الأكاديمية** ولا يتقن فنَّ التواصل مع العالم مهما كان العالم من حوله:

سواء أكان عالمَ أسرته، أو عمله، أو العالم الخارجيّ كله.

هناك من غيّرت رسالة الدكتوراه الكثير في شخصيته وحياته وكانت مفتاحًا حقيقيًّا للتغيير، وهناك من كانت نسخة أخرى نسيت على الرّف، بل قد يكون هو نفسه قد نسيها.

هناك من يحسن إدارة فترة دراسته لتعود إليه بالفائدة المالية والعلمية ويجعله مشروع أمة حقيقيًّا، وهناك من يقف عند حد الشهادة والرضا بالتخرج.

كنت أستغرب ممن حصل على بعثة وتفرغ من الوظيفة ويُدفع له راتبه كي يُحسن التعلم ويُقصّر، وهناك من يعمل أكثر من مهنة ويستفيد ويفيد، فتأمل...

# عالم البحوث

تعتمد شهادة الدكتوراه في الفلسفة (PhD) على إتقان مناهج البحث والتعمق فيها، أما درجة الدكتوراه التنفيذية (Ed) تكون أقل تركيزًا على البحوث ويعتمد ذلك على متطلبات كل جامعة. وحتى تاريخ كتابة هذه الكلمات، وعلى ما أعلمُه، فإنّ معظم جامعات الدول العربية لا تعيّن في الجامعات إلا حاملي شهادة الدكتوراه في الفلسفة.

ومن معاني الفلسفة التأمل في ذاتك، وما وراء المعاني، وقيل: إنها حبُّ الحكمة.

مناهج البحث كانت عالمًا عجيبًا بالنسبة لي، تبدأ من فكرة فهم المعرفة والحقيقة والقيم، ثم يأتي فهم الإنسان لمنظوره الخاصّ ومنطلقه في البحوث وتوجهه. وفي الكتب الأجنبية سنرى السجال محتدًّا بين المناظير البحثية[1] Paradigm wars.

ويقترح بعض الباحثين أن الحرب لا بد أن تنتهي، وحان الوقت لطرح فكر عملي أكثرَ تطبيقًا ودعمًا للباحثين. لا أنكر

(1) لمزيد من المعلومات يمكن الاطلاع على:

Bryman, A. (2008). The end of the paradigm wars?. In Alasuutari, P., Bickman, L., & Brannen, J. *The SAGE handbook of social research methods* (pp. 1225-). London: SAGE Publications Ltd doi: 10.41359781446212165/

أن هذه المحاورَ أسَرتْني وجعلتني أكثر تأمّلًا ووعيًا بممارساتي وطريقة تفكيري وبمدى التحيز الذي يؤثر على تفسيري وتحليلي للبيانات. وكم أتمنى أنْ يتم ربطها بمنهجية بعض العلماء العرب مثل الأئمة الأربعة، وربطها بممارساتهم، والتركيز على الوعي الذاتي.

أدرك أن البعض يبتعد عنها، ولكني أراها ضرورة لتطوير العقل العربي والتعرف على منهجية التفكير الذاتي.

**ثم يأتي فن استثمار الأدوات مثل اختيار أو تصميم الاستبيان** والفرق بين الممارسات قديمًا وحديثًا، وفنّ استخدام المصطلحات وأثرها على فترة التذكّر والإجابة، وأثر ذلك على دقّة البيانات وصحتها. بل إن فكرة الاتجاه الحديث تقوم على إتمام تغيير موقع المعلومات العامة في الاستبيانات من مقدمة الاستبيان إلى ختامه، وذلك كي يحث المشارك على التفاعل والإجابة، ولأنَّ الأسئلة لا تحتاج تركيزًا عادة في نهاية البحث.

أما الأدوات الرقمية للباحثين (Digital tools for researchers)[1] فتحتاج كتابًا مستقلًا لمساعدة الباحثين على توظيفها في البحوث، ووسائل تحليل البيانات الكمية، والتي يظن البعض أنَّها تقتصر على SPSS ، بينما هناك الكثير من البرامج الأخرى، حتى إنَّ Excel أضافت هذه الخاصية لتقديم تحليل يحتاجه معظم الباحثين مجانًا.

---

(1) الأدوات/ البرامج المذكورة في هذا القسم تستخدم في تحليل البيانات أو إدارة وتوثيق المراجع.

ناهيك عن تحليل البيانات النوعية، وهو ما دفعني لتعلم استخدام ثلاثة برامج مختلفة، عشقت منها

(NVivo) الذي يريك روعة تحليل البيانات النوعية.

يزعجني طالب أو خريج دكتوراه ولا يعلم شيئًا عن أساسيات استخدام برامج مايكروسوفت مثلا ويضع قائمة الفهرس يدويًّا.

وأمّا فنُّ التوثيق وحفظُ المراجع وإدارتها؛ فأسلوب في الحبِّ يُحسُّ بالشعور المتفرِّد، ولا يُعبّر عنه حتى باللغة المتفرِّدة، فأنا بعد أن تهتُ في ترتيب المراجع وتوثيقها وجدت برنامجًا مجانيًّا (Medneley)، وتعلمتُ استخدام ثلاثة برامج أخرى: (End note, refwork and Zotero)، لكن (مندلي) كان أفضلَها، وميزاته لا تخفى، ومن سعادتي به سعيت في أن أعلّم الآخرين استخدامَه وتوظيفه في بحوثهم.

قد يقول قائل: إنّ برنامجًا واحدًا يكفي، وأتفق مع هذا، إلا أنني اعتبرت مرحلة الدراسة مرحلة تعلُّم مُثلى، وأردت التعرف على خصائص معظم البرامج قبل اختيار أحدها. ولا أنكر ما احتاجه ذلك من وقت وجهد إلا أن ذلك ساعد في التعلم ومعرفة إيجابيات اختياراتي وسلبياتها.

# نشر البحوث

وبعد السعي للتعرف على مراحل إجراء البحوث كان لابد لطالب الدراسات العليا أن يتعرف إلى مرحلة نشر بحثه في مجلات محكمة، وهنا كانت مرحلةٌ أخرى وعالمٌ آخرُ مختلفٌ تمامًا. وكانت الفرصة لأكتشف أنّ عددًا من خريجي الدكتوراه لا يعرف معنى مجلة محكمة معتمدة. وفرقٌ كبيرٌ بين هيئة التحرير ومن يحكمون. فهناك مجلات معتمدة ولكنها غير محكمة.

فالمجلة قد تحكّمُ البحث من قبل خبراء متخصصين، وقد تتبع المجلة سياسة (double blind)، بمعنى ألا يعلم الباحث أو المحكم هُويةَ الآخر، وقد تبلغ المجلة الباحث والمحكم بهوية كل منهما.

ولكثرة البحوث المنشورة بدأ الغرب اعتمادَ معامل التأثير (impact factor) الذي يتبع معادلاتٍ معينةً ليحسب عدد الاقتباسات، وهناك جهاتٌ محددة لاحتسابه، ومعتمدة عالميًّا من قبل الجامعات. بل تعدّى الأمر ليكون هناك رقمٌ شخصي لكل باحث من حول العالم، وبيان بحوثه ومؤشر يبين عدد البحوث الخاصة وفق عدد السنوات بمعادلات خاصة، وعدد الاقتباس

الخاص به، وجوائز تمنح للباحثين الشباب، وبيانات متخصصة لبيان أثر الباحثين المتمرسين.

نعم هو عالم خاص، وللأسف فإن العالم العربي قد بدأ يدخل هذا العالم على استحياء، خاصة وأنَّ معظم البرمجيات في الأدوات التي تساعد الباحثين لا تتعامل مع اللغة العربية بسهولة. وأنصح بقراءة كتاب (نظام التفاهة) الذي سيزودك بنظرة مختلفة.

وهنا لا بد من الإشارة إلى أهمية الاعتناء بالهوية الرقمية، وتوحيد الاسم الخاص بالنشر كي يسهل التعرف على الباحث، ومن الأخطاء الشائعة أنّ الباحث يدخل كلّ مرة باسم، ويسبب هذا ضياع جهده غالبًا بجهل ودون قصد.

وبعدُ، فهناك عدة منصات تساعد على التواصل بين الباحثين والتعارف، ونشر أهم النتائج خاصة على تويتر أو منصات (research gate) ومندلي، وغيرها الكثير، ومنصة أريد للباحثين العرب.

ومن نعم الله تعالى عليّ أن رأيت إطلاق فكرة مختبر الباحثين العرب لتعزيز ثقافة البحث خاصة بين الشباب، وتعليم أدوات عملية بعيدًا عن تكبّر بعض الباحثين وانعزالهم عن عالمهم واحتياجات واقعهم.

والمتابع للباحثين يرى أهمية العمل الجماعي في نشر البحوث والابتعاد عن الفردية، بل هناك طرق كثيرة لتسهيل عمل الفرق البحثية وتوزيع الأدوار وإدارتها.

ومع هذه الفرص كلّها، والإمكانيات، نجد أن بعض الدول تئنُّ من كثرة حملة الدكتوراه فيها (Pain in the neck) للأسف، لعدم اكتسابهم مهارات البحث المناسبة، أو عدم تفعيل دورهم، فانتشر ما يسمى بالتعلم من أجل التعلم، وليس التعلم من أجل الفائدة أو البحث والتطوير. بينما في الدول الغربية تقلّ هذه الظاهرةُ بسبب مساهمة مؤسسات المجتمع المدني والجامعات في توفير عدة منح وفرص دعم للبحث والباحثين، ناهيك عن الجوائز والمسابقات الخاصة، بل إن هناك بحوثًا خاصةً بالمعلمين، يُوفّر لها الدعم.

ومما لا شك فيه أنهم قطعوا شوطًا بل أميالًا في كيفية إدارة البحوث وإجراءاتها، والتدقيق ومتابعة النتائج، وقد أكرمني الله بحضور عدة دورات والعمل في هذا المجال والاطلاع عليه، مما ساهم في توسعة الأفق، واكتساب مهارات أخرى في عالم البحوث.

**فابحث عما يفيدك.**

# الأستاذية

عندما كنت في بداية مرحلتي الجامعية الأولى. كنت أظن أن غاية الطموح أن يتخرج الإنسان من الدكتوراه حتى قدر الله أن أعمل في جامعة عند بدء دراستي، فانتبهت لسطحية تفكيري!!

فيجب على الإنسان أن يحدد الهدف من وراء دراسته الدكتوراه: هل هو اللقب؟ أم التمكن العلمي؟ أم العمل في مؤسسات التعليم العالي؟ وكل له ميدانه، وللأسف قلة هم من يعلمون دهاليز التعليم العالي وكواليسه ومتطلباته. فكما ذكرت، هناك جامعات ترفض أن يكون حامل شهادة الدكتوراه متعدد التخصصات في مراحله الدراسية.

ثم يأتي السؤال: هل درّس في جامعة من قبل؟

وهل شارك في برنامج زمالة ما بعد الدكتوراه؟

ومن كان مشرفه عند التخرّج وكم عدد البحوث التي نشرها وفي أي مجلات تمَّ نشرها؟

ثم تبدأ مرحلة الترقيات والرتب الأكاديمية، ففي بعض الجامعات (المحاضر) تطلق على من يُدَرِّس وهو يَدْرُس الدراسات العليا، ثم هناك أستاذ مساعد إذا كان لديه عدد من البحوث. ويمكن

أن يترقى لأستاذ مشارك وفق شروط معينة ومتطلبات تختلف من جامعة لأخرى، وعدد سنوات معيّن، حتى يمكن أن يتقدم بطلب ترقية للأستاذية. ومع هذا فينبغي مراعاة أن بعض الجامعات لا تعادل ترقيات جامعات أخرى لضعف معاييرها.

وكل إنسان يجب أن يكون واعيًا لقرار عمله في السلك الأكاديمي وما يتبع ذلك من (رقّ علمي) تخضع له الجامعات ليتمّ تصنيفها عالميًّا. نعم رقّ من نوع مختلف؛ في شروط الترقيات وأنواع الترقيات والفئات والرتب العلمية مثل باحث ممارس وباحث أكاديمي. وكي تدرك ما يمكن أن تواجهه، اقرأ كتاب (حياة في الإدارة) لغازي القصيبي رحمه الله وكتاب (عشت سعيدًا من الدراجة إلى الطائرة) للسعدون.

وعن جهود طلاب الدراسات العليا وما يجب أن يقرؤوه ويستعدوا له في حياتهم الأكاديمية، اقرأ كتاب (رحلتي الفكرية) لعبد الوهاب المسيري. وفيه فصول عن مثابرته في البحث وتفرغه مدة 34 عامًا لتأليف الموسوعة، وابتعاده عن الذئاب الثلاثة: ذئب الثروة، وذئب الشهرة، والذئب الهيجلي المعلوماتي[1].

بل إن بعض الباحثين يسميها استراتيجية (شجرة الكرز) حيث لم ينتبه لزهر الكرز ولا ثمره طوال فترة البحث، ونافذة مكتبه مطلة على الشجرة مباشرة.

---

(1) للمزيد يمكن قراءة كتاب «رحلتي الفكرية» للمسيري.

إن التفرغ للبحوث يعني جهدًا وانكبابًا على العلم، وبذل الوُسْع والجَهد خاصة في البدايات حتى تتمكن من البحث ولغته ويسهل عليك تنمية نمطكَ الخاصّ في التأليف!

**صوتك وبصمتك!**

## Over qualified

ألف مبارك تخرجت! نهنئ كل من نوى أو بدأ أو تخرج...

لكن...

هل تذكر عندما كنت تقرأ في الوظائف أن المؤهلاتِ المطلوبةَ تتضمن درجة الدكتوراه؟

اليوم ستجد من يرد عليك لا أستطيع تعيينك للأسف. قد يظنُّ البعض أن المؤهلاتِ تفتح أبواب التوظيف، لكنها في الواقع قد تكون قفلًا رئيسيًّا لإغلاقه.

**Overqualified**

كلمة تطلق تبريرًا لعدم فهم مؤهلك، أو خوفًا من تعيينك، أو ربما على سبيل الحقيقة بأن مؤهلاتك أكبر مما تطلبه الوظيفة، وهنا الخوف من تذمّرك المستمر أو عدم استقرارك في الوظيفة.

كثيرون لا يشيرون لمؤهلاتهم الحقيقية في السيرة الذاتية، وستجد أن هناك من يبذل المستحيل لتعيينك مهما كانت درجاتك العلمية، أو قد تظن أنت بأنه يجب ألا تقبل ببعض الوظائف إذا ما حصلت على الدكتوراه.

**هذا أمر يعود لك ولفهمك.**

شخصيًّا تعاملت مع حملة شهادات عليا وحاصدي جوائز يتطوعون في قرى نائية لا يفهم منجزاتهم أحد هناك. وممن

تعاملت معهم من يجلس على الأرض ليقصَّ ورقًا ويساعد المتطوعين، ولو عرفت منجزاتهم لرفعت لهم القبعة.

**الشهادة هي مرحلة وليست نهاية العلم ولا تعني بالضرورة أنك أعلم الناس.**

نظرتك لنفسك أو نظرة الآخرين لك ليست بأوراق كرتونية ولا ألقاب قد يطلقها عليك البعض عن علم أو عن جهل، العامل الأهم هو مدى استفادتك وقدرتك على ربط العلم الذي اكتسبته بحياتك الشخصية.

سيدنا موسى عليه السلام صحب عبدًا صالحًا لا نعرف اسمه ولا ألقابَه ولا مؤهلاتِه، إنما هو عبد صالح وكفى، لكنه كان عالمًا بأحوال الناس، قريبًا منهم، يعلم كيف يصلح الجدار ويقيمه بيده، ويعلم كيف يعيب السفن، والقصة شهيرةٌ جهيرةٌ واضحة لا مجال لإعادتها، ولكن الأمر الوحيد الذي طلب نبي الله موسى عليه السلام الزيادة منه هو العلم.

فلا تظننَّ أن شهادةً مَا تضمن لك الجنة، **فدع منجزاتك تتحدث عنك بعد توفيق الله.**

# وماذا الآن؟

أعتذر إن سببت لك صداعًا أو نفورًا من الدراسة، فلم يكن هذا القصد، بل أردت اتباع قاعدة «الحكم على الشيء فرع عن تصوره»، وأردت أن أشاركك بعض التحديات والفرص كي تستعد وتتزود لها من المعارف والعلوم.

تذكر أن هناك الكثيرَ ممن أكملوا هذه المحطة والرحلة.

ولكن السؤال ما الذي يميز رحلتك؟

ما السرُّ الذي يدفعك للبدء في هذه الرحلة والسعي الحقيقي لنيل الشهادة؟

ولو كنت تهنئ شخصًا وتقول له: عقبال الدكتوراه، فالأوجب عليك أن تُحدّد دورك، وسائلْ نفسك: كيف ستقدم له الدعم الكافي ماديًّا ومعنويًّا واجتماعيًّا.

وأنا شخصيًّا سأقولها من قلبي: عقبال الدكتوراه...

لأني أدرك أنها رحلة خاصة جدًّا تستحق كلَّ ما ستقوم به لو أحسنت استثمارها.

لتعيش حياة السلاطين مثل معلمتي (سلطانة) التي حثت وحفزت غيرها وكانت سببًا في إحياء همتهم واهتمامهم، أو معلمتي (فريدة) التي كانت فريدة في أثرها، أو أمي (زكيّة) التي كانت رحمها الله (زكية) في كل ما علمتنا وقدمت لنا.